採点者の心をつかむ

直前対策にも最適

# 合格する志望理由書

河合塾講師
中塚光之介

かんき出版

## 志望理由書はラブレター

誤解を招くかもしれませんが、あえて言います。

「志望理由書は大学へのラブレター」

ラブレターを書いたことがない人のために、念のため。
ラブレターとは、大好きな人に、

「あなたのこういうところが大好きだ！」

と、素直な気持ちを伝える文章です。

志望理由書も同じです。あなたがどうしても入りたい大学（大学の先生）に、

「貴校（志望する大学）のこういうところが大好きだ！」

と、素直な気持ちを伝える文章と言えるのです。

また、ラブレターは大好きな人に、

「自分はこんな人間だ！　ここを好きになってほしい！」

と、自分のアピールポイントを強調します。
そのアピールポイントが相手にとって得であることを伝えられれば、大好きな人を説得できるかもしれません。

志望理由書もまったく同じです。入りたい大学に自分のアピールポイントを伝え、

大学の先生に自分を好きになってもらいます。

まとめましょう。

ラブレター＝好きな人の好きなところ ＆ 自分のアピールポイントを伝える。

志望理由書＝入りたい大学の好きなところ ＆ 自分のアピールポイントを伝える。

もっと大ざっぱに言うと、志望理由書では、大学のすばらしい点と、自分の長所をアピールし、大学にとって自分は必要な人材であることを伝えるのです。

## 志望理由書は超シンプル！

書店に行くと、志望理由書の書き方を教える本がたくさん並んでいます。

あくまで私見ですが、これらの本には、

「こんなことも書いたほうがいいよ！」
「あんなことも書いたほうがいいよ！」

と、あれもこれも入れましょう！　的な、実際に書く段になったら、受験生が逆に迷ってしまうのではないか？　と思うような解説が多いように感じます。

したがって、この本では、読者のみなさんが実際に書くときにすぐに実践できるよう、できるだけシンプルに志望理由書の書き方を伝えたいと思います。

先ほど述べたラブレターのたとえは、このような本書の方針から出てきたものです。

繰り返しになりますが、志望理由書とは何か？　シンプルに言うと、

「志望する大学のどこが好きか？」

「自分のどこを好きになってほしいか？」を書類上で伝える手段なのです。

でも、言うは易《やす》し、行うは難《かた》し（言うことは簡単だけど、実際にやってみると言うほど簡単にはできない）。

シンプルにしたからと言って、そう簡単に書けるものではありません。

シンプルだけど難しい。

その難しさを、可能な限り、わかりやすく説明しますので、最後までおつき合いいただければと思います。

## 自分で考えて動ける人ですか？

さて、ここからは、少しだけかたい話をします。

志望理由書は、学校推薦型選抜・総合型選抜で提出が必要な書類、というイメージがあると思います。しかし、これからの入試では、学力検査中心の一般入試であっても、志望理由書が必須になることが検討されています。つまり、**学力だけで大学に入れる時代が終わりつつある**、ということなのです。

なぜ、うちの大学に入りたいのか？ きちんとした志《こころざし》を持っている受験生なのか？

大学側は、受験生がどんな人間なのか？ もっと言うと、自分で考えて、自分で動ける人なのか？ それを志望理由書で知りたいのです。

文部科学省は、2030年くらいまでに、教育改革を進めようとしています。学力の3要素のうち、従来重要視していた、「知識・技能」に偏ったテストで評価するのではなく、「思考力・判断力・表現力」、「主体性・多様性・協働性」を含めた、3要素すべてを、どう評価していくかの検討をしています。

これはつまり、受験生が主体的に、多様な仲間と協働して学ぶことができる能力を、入試で判断したいということなのです。

志望理由書は、「大学のどこが好きか」「自分のどこを好きになってほしいか」を伝える手段です。言い換えると、「大学で何を学びたいのか」「自分のどんな能力を大学で活かしていくのか」を伝える。つまり、「主体性・多様性・協働性」のうち、最初の**「主体性」を測る手段として受験生に課す**、ということなのです。

ちょっと難しめの話になりましたが、志望理由書は重要な書類である、ということがおわかりいただけましたか？　でも難しく考える必要はありません。最初に述べたことを思い出してください。志望理由書はラブレターなのです。

本書を最後まで読んだら、必ず志望理由書の考え方・書き方が身につきます。

では、がんばっていきましょう！

採点者の心をつかむ　合格する　志望理由書

もくじ



第1章

# 志望理由書を書く前に～準備編

第2章

# 志望理由書の書き方
～具体編

# 第3章 志望理由書を完成させよう～実践編

# 第4章 学部系統別志望理由書の書き方

## 3 理系の志望理由書とは……91



## 4 学部別志望理由書の例……99

# 第5章 「志望理由書」と「自己アピール書」と「面接」

## ②「志望理由書」と「面接」も切っても切れない関係

# 第6章 書き方のコツをもう少し

## ① 志望理由書「あじつけ」のコツ

## 補章 よくある質問




カバーデザイン：高橋明香（おかっぱ製作所）
帯イラスト：八重樫王明
本文デザイン・DTP：ホリウチミホ（ニクスインク）
本文イラスト：坂木浩子（ぽるか）

# 本書の特長と使い方

志望理由書の考え方、書き方を身につけることが本書の目的です。

その目的を達成するため、書く前の準備から、具体的な書き方、志望理由書の例まで、順を追ってていねいに説明しています。

ひとつ留意してほしいのは、志望理由書の例は、あくまでみなさんの参考用に掲載したものですので、実際に提出する志望理由書などにコピーペースト（以下、コピペ）して書かないでください。自分の力でオリジナルの志望理由書を作成しましょう。

また、２０２０年（２０２１年度入試）から、「推薦入試」は「学校推薦型選抜」、「ＡＯ入試」は「総合型選抜」とそれぞれ名称が変更されます。

本書では、変更後の名称を採用しております。

ただし、試験の名称が変わっても、志望理由書の試験内での位置づけが大きく変わることはありません。本書は、その位置づけを前提として書かれています。

第

1

章

# 志望理由書を書く前に

## 準備編

学校推薦型選抜・総合型選抜では、
入試に取り組む前の準備が必要になります。
その点、一般受験と変わりありません。
きちんとした準備が、志望理由書の作成の大切なポイントです。
準備をした上で作成した志望理由書と、準備をせずに作成した
志望理由書の間には、天と地ほどの差が生まれます。
まずは、本章の内容をじっくり読んでください。

# 1 高校3年間を振り返る

志望理由書を書く前に必ずやっておきたいことがあります。それは、

「過去の自分について振り返ること」

です。過去、と言っても、約18年間すべて振り返る必要はありません。高校3年間のできごとや成果について、ざっと思い出してみる程度で十分です。

基本的なところでは、部活動、委員会活動、文化祭の企画など、高校の中で行った活動ですね。でも、高校の中だけに限定！　というルールはありません。

むしろ、高校の外での活動で一生懸命取り組んできたことが、あなたの魅力を引き

出します。なぜなら、高校の中での活動は、多くの受験生が取り組んでいることでもあるので、読み手、つまり大学の先生にはある程度、内容の予想がつきます。

しかし、高校の外での活動では、その受験生の「素」の姿を見ることができます。ですから、読み手の興味を惹《ひ》く可能性が高いのです。

たとえば、ボランティア、留学、習い事、イベントへの参加などがそれにあたります。

それ以外の活動でも、自分の時間の大部分を費やしていることがあれば、それを書くことで、あなたがどんな人かをストレートに伝えることができます。

志望理由書に書く内容には、「これを書きなさい！」という決まったルールはありません。

ですから、まずは自分の3年間のすべてをしっかり振り返り、あなたが取り組んだことを、思い出せる限り洗い出してみましょう。

## 「思い出」が志望理由書を強くする

「振り返り」で大切なのは、できるだけ具体的に思い出すことです。

高校3年間はどうだったか？

「楽しかったなあ」

「がんばった」

だけでは、そこから志望理由書には何も書くことができません。思い出すべきは「エピソード」です。エピソードとは、

「ある事柄について、そのことを具体的に示す、ちょっとした出来事。また、それを伝える話。」（『精選版 日本国語大辞典』小学館より）

という意味です。つまり、「具体的」に思い出す必要があるのです。

「こんな役割でこんな結果を出した」のようなサクセスストーリーでももちろんいいのですが、逆に「こんな問題が生じたけど何とかクリアした」のように、困難を乗り越えた話は、読み手の関心を惹くこと間違いなしです。

感想に過ぎない思い出は、志望理由書を書くための材料にはなりませんが、**具体的な思い出は、それ自体が志望理由書を強くします。**

ですから、ある程度時間をかけて、じっくりと思い出しながら、思い出したことを志望理由書に書けるよう、メモとして残しておきましょう。

## 小中学校の思い出はNG？

ちなみに、小中学校の活動は志望理由書に書いてはいけないんですか？　という質問を受けることがあります。

たとえば、幼いときからこれまで、ずっと続けてきた、もしくは今も続けていることが今の自分を作っている！　のであれば、小中学校の思い出でもいいでしょう。

ですが、そこまでではないエピソードですと、高校3年間以前のできごとになってしまうので、読み手は、今の自分とのつながりが薄い印象を持ってしまうかもしれません。また、思い出す段階で記憶があいまいになっているので、具体性に欠ける可能性もあります。

ですので、志望理由書には、高校3年間のできごとがふさわしいと言えますね。

# 2 大学で学べる学問について知る

みなさんに質問です。

「経営学」とは何を学ぶ学問でしょうか？

「そりゃあ、経営を学ぶんでしょ」という声が聞こえてきそうですが、それでは答えになっていません。

では、こんなのはどうでしょうか？

「経営学というのは、経理、マネジメント、マーケティングを学ぶ学問です」

これだとギリギリ答えになりますが、まだまだ大ざっぱです。

しかし、このレベルのことも答えられないかも……と思っている受験生も多いのではないでしょうか？

「じゃあやっぱり、学問について、めっちゃくわしくならないといけないんですか？」

誤解しないでください！　大学に入る前にくわしくなってください！　と言っているわけではありません。

## 入りたい学部のイメージを作る

僕が言いたいのは、大学って何を学ぶところなのか？　という問いを立てて、実際に調べ、自分が学びたいことを探してほしい、ということです。

もっと言うと、**自分が入りたい学部で学ぶ学問の、ある程度のイメージは持っておくべき**、ということです。自分が入りたい学部のことを何も知らないでは、

「じゃあなんでうちの大学に来たいの？」
「うちじゃなくてもいいいんじゃないの？」

と試験官に思われてしまいますし、実際に面接で質問されるかもしれません。

志望理由書はラブレターでしたよね？

あなた（入りたい大学の学部）のことを何も知らない、では、相手を振り向かせることはできません。そういう意味では、最低限、入りたい大学の学部のことを知っておくことは当然と言えるのです。

## スマホを駆使して調べよう

では、どうやって学問について調べたらいいでしょうか？　みなさんがお持ちのスマートフォンの出番です！

たとえば、インターネットの検索エンジンで、「経営学」と入力すれば、困るぐらいの情報が出てきます。

その中から2つ、3つのサイトに目を通すだけで、経営学という学問のある程度のイメージを作ることができます。

お小遣いに余裕があれば、受験情報雑誌の学部特集にも目を通しておくといいでしょう。知りたい情報が端的にまとまっています。

また、朝日新聞出版から出ている「AERA Mook」の中に『～学がわかる。』というシリーズがあります。ちょうどいいくわしさなのでおすすめです！

# 3 入りたい大学には足を運ぶ

もう一度言います。志望理由書は、大学へのラブレターです。

大好きな相手のことを知らずに書くことはできません。というか、よく知っている相手だから好きになった。だから、ラブレターを書くわけです。

話はとても簡単です。**入りたい大学のことを知るべき**、ということです。簡単に言うと、その大学の特長です。

まずは、どこにあるのか？　どんな大学なのか？　強みは何か？　などなどの大まかなイメージをつかんでください。また、やはり知っておくべきことは、**何を学ぶこ**

とができるか？ です。

どんな授業やゼミがあり、そこで何を学ぶことができるのかを調べましょう。調べているうちにワクワクしてきたら、その大学は、やっぱりあなたが入りたい大学ということですね。

## オープンキャンパスに参加しよう

では、よく知るためにはどうしたらいいでしょうか？

一番いい方法は、実際に大学のキャンパスに行ってみる。つまり、オープンキャンパスに参加することです。実際に大学の雰囲気を知ることができますし、通っている学生、先生に触れることで、「この大学に入りたい」というモチベーションが一気に上がります。

また、オープンキャンパスでない時期でも見学できる大学があります。僕が教えた生徒の中には、高校の先生から大学に連絡してもらった結果、キャンパス内を案内してもらうことができた人もいました。さらには授業まで見学できたという生徒もいますよ。もちろん、先生を通さずに自分で連絡してもＯＫです！

オープンキャンパス開催時以外、つまり、ふだんの大学の雰囲気を味わうことで、自分が大学生になったら……という、リアルな大学生活を思い描くことができるでしょう。

僕は浪人しましたが、現役受験生のときにも、母校となる大学を受験しました。実際に大学に行くと、「よし、この大学に絶対入学するぞ！」という気持ちになりました。また、浪人生のときに勉強を続けるモチベーションになりました。その意味でも、志望する大学は、自分の目で見ておくべきなのです。

それと、もうひとつ大切なことをお伝えします。

オープンキャンパスに参加したら、また、オープンキャンパス以外でも大学に見学に行ったら、シラバスを手に入れてください。シラバスというのは、大学に設置されている講義の概要や計画のことです。

簡単に言うと、くわしい授業の時間割です。

多くの大学で公開されていますし、インターネット上で見ることができる大学もあります。公開されていない大学でも学生課などの窓口で見せてもらえるはずです。シラバスには大学で学べることがそのまま載っているので、みなさんが大学を知るのに、大いに役立つはずです。

このように、実際に大学を見て感じることは、志望理由書を書くときに役立ちます。そして何より、実際に見たこと、聞いたことによって、面接の際の言葉の重みが変わります。あなたの話に説得力が増します。

好きな相手に好意が伝わるように、入りたい大学に志望動機が伝わるのです。

## オープンキャンパスに行けない人は？

遠方に住んでいるなどの理由で、オープンキャンパスに参加できない受験生も多いと思います。

ここでもやっぱり、スマートフォンの出番です！

大学によっては、カリキュラムや授業内容、アドミッションポリシーなどについて、かなりくわしく紹介しているホームページがあります。

オープンキャンパスに行けたとしても、インターネット上で調べたとしても、忘れてはいけないのは、「なぜオープンキャンパスに来たのか？」「なぜインターネットで調べているのか？」、その目的です。

**相手に好意を伝えることが目的**ですよね。ですから、漠然と「いい大学だなあ」で終わってはいけない、ということです。

志望理由書に書くこと、さらには、面接で伝えることを具体的に考えながら、見たり、聞いたり、調べたりするのです。

# 4 卒業後のことを考える

最後にやっておきたい準備は、将来就きたい職業について考えることです。

## 「将来何になりたい?」

子どものころから幾度となくされてきた質問ですね。「正直、聞かれると困る質問」というアンケートがあれば、上位に入りそうな気がします。

でも、将来の職業のことを考えるのは、やっぱり大切なことです。なぜか? 大学で学ぶ内容が、卒業後の職業をある程度絞り込むことになる、ということはもちろんなのですが、大学側の事情も大きいことは、知っておいたほうがいいでしょう。

どういうことでしょうか？

大学が受験生を集めるために強調する数字に、「就職率」があります。「就職率」がいい大学に受験生が集まるため、「就職率」を高く保つことは大学の経営上、とても重要です。

ですから、就きたい職業について目標が明確な受験生は、この「就職率」を上げてくれる可能性が高い。つまり、大学側にとって「入学してほしい受験生」なのです。

## 就きたい職業なんて言われても困る！

実際にどんな職に就きたいかを考えるにあたって、最初に悩むのは、理系か？　文系か？　です。

理系の学部に進学すると、将来は大学院に進んで研究を続ける人、企業に入って研究者や技術者になる人が多くいます。

しかし文系では、学問が直接つながる仕事が見えにくいですね。ですから、なかなか将来の具体的なイメージがしにくいかもしれません(文系の学問が仕事の役に立たないという意味ではありません。逆に、文系の学問は、何かアイデアを出したり、考えたりする際のベースになります)。

そのようにイメージできないときは、大学のホームページなどを見てみましょう。自分が入りたい学部の卒業生の就職先が掲載されています。そうした情報を見ながら、自分の職業をイメージすることができるかもしれません。

## 職業の「あたり」をつける

何が言いたいかというと、将来に就きたい仕事をしっかり、はっきり決めなさい！

ということではなく、理系に進むにしろ、文系に進むにしろ、卒業後の職業に「あたり」をつけましょう、ということなのです。

もちろん、教育学部や、医系の学部、介護福祉系の学部など、将来の仕事に直結している学部に進む受験生は、具体的な職業、さらには職種まで言えるようにしておくべきです。

しかし、それ以外の学部に進む受験生は、はっきりした職種まで言うことは不可能ですから、あくまで現段階の「あたり」としての職業を言えるよう、準備しておきましょう。

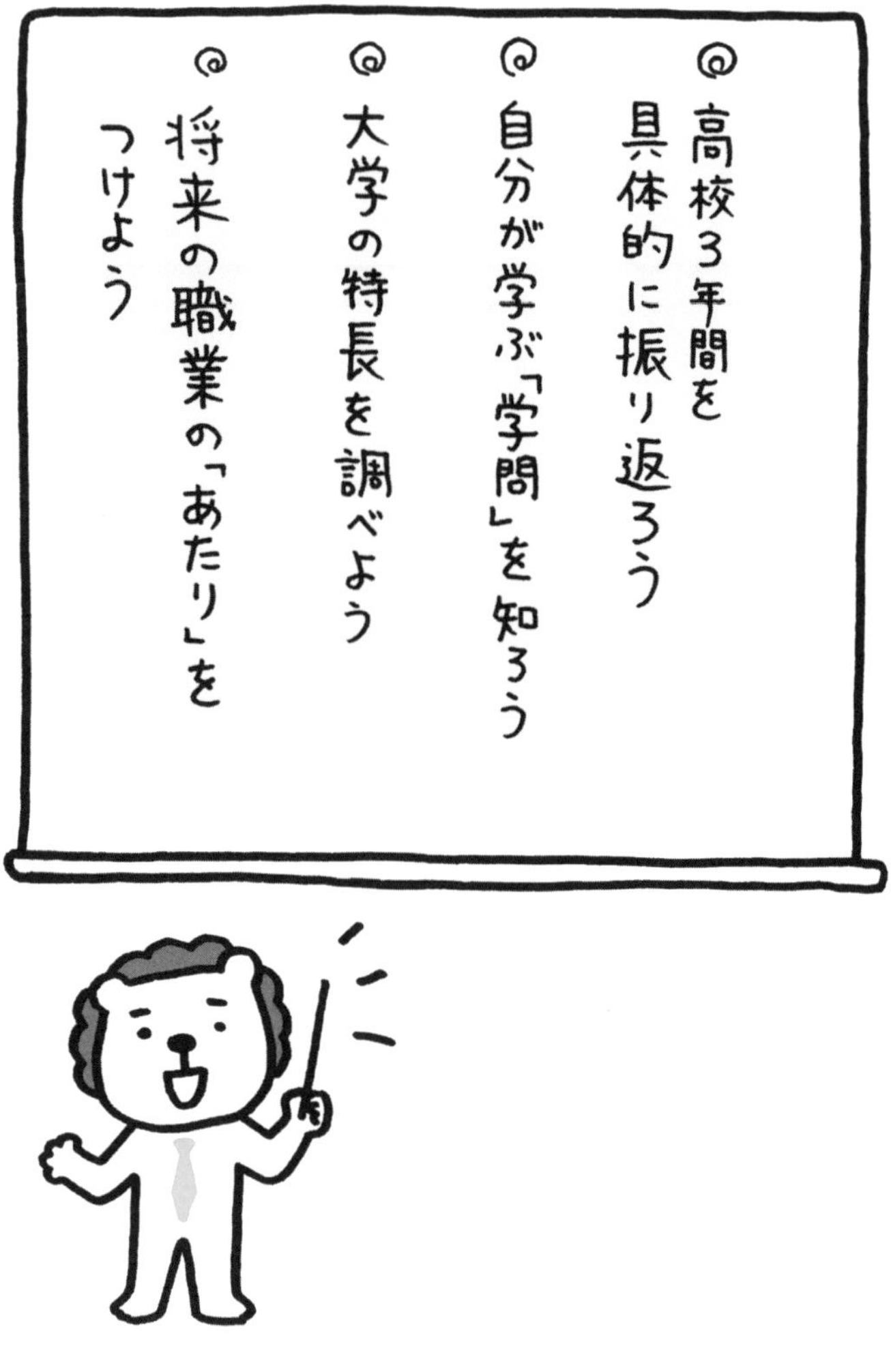

@高校3年間を具体的に振り返ろう
@自分が学ぶ「学問」を知ろう
@大学の特長を調べよう
@将来の職業の「あたり」をつけよう

# 第2章

# 志望理由書の書き方 具体編

本書のすべての章はどれも重要ですが、
本章はその中でもとくに重要です。
本章では、志望理由書の考え方、書き方の「核」となる
構成の解説を行います。
この核を「4つのステップ」としてまとめたので、ぜひご覧ください。

# 1 志望理由書の「核」になる4つのステップ

さあ、志望理由書を書くための準備ができたので、いよいよ実践です。

まずみなさんにお伝えしたいのは、志望理由書の「核」になる組み立てについてです。それは、この4つのステップです。

①過去の自分
②現在の自分
③大学の自分
④将来の自分

志望理由書に書く内容は、必ずこの4つのステップを踏みましょう。実は、第1章でお伝えしたことは、この4つのステップの準備をすることが目的でした。

①過去の自分 →「高校3年間を振り返る」 → きっかけ（A）
②現在の自分 →「大学で学べる学問について知る」 → 学問分野への関心（B）
③大学の自分 →「入りたい大学には足を運ぶ」 → 大学での学び（C）
④将来の自分 →「卒業後のことを考える」 → 職業像（D）

第1章でみなさんに考えてもらったことが、このようにぴったりあてはまります。

つまり、過去から未来への自分について考え、それについて語ることが、そのまま志望理由書になるわけです。

まとめます。

**A　どのような「きっかけ」で、自分が志望する分野の学問に出会ったか。**

**B　その「きっかけ」から、どうやって学びを深め、現在の「学問分野への関心」を持つに至ったのか。**

**C　その「学問分野への関心」をどう「大学での学び」につなげるか（大学で何を学ぶか）。**

**D　その「大学での学び」を活かして、どんな職業に就きたいか。**

このように、あなたの過去と、今後の人生のストーリーを作る。これこそが、志望理由書の「核」となります。別の見方をすると、志望理由書を書く際のセオリー（確立された方法）です。志望理由書を書くことは、**あなたの人生の物語を組み立てる作業**、とも言えるのです。

# 2 志望理由書に必要な要素

４つのステップについて、少しだけつけ加えます。

実は、４つのステップの「A」「B」「C」「D」のうち、採点者である大学の先生に強調して伝えたいのは「B」と「C」です。

もう一度言います。

志望理由書はラブレターです。

そしてもう一度、ラブレターと志望理由書を比べてみます。

ラブレター＝好きな人の好きなところ&自分のアピールポイントを伝える。

志望理由書＝入りたい大学の好きなところ&自分のアピールポイントを伝える。

「B」は、「自分はこんな学びを行ってきたのだから、ぜひこの大学に入学させてください」ということ。

「C」は、「この大学でこんな学びができるのだから、ぜひ入学したい」ということ。

つまり、志望理由書作成のメイン作業は、43ページの「B」と「C」です。念のため、もう1度お伝えします。

「B」＝「きっかけ」から、どうやって学びを深め、現在の「学問分野への関心」を持つに至ったのか。

「C」＝「学問分野への関心」をどう「大学での学び」につなげるか（大学で何を学ぶか）。

さあ、少しずつ書くべきことが見えてきましたね。

相手（入りたい大学）に好意を伝えるために大切なのは、メリハリです。強調すべきところをどこにするか？　自分の中でそれを明確にすることで、読み手に響く組み立てができるのです。

# 3 志望理由書を書く際の注意点

繰り返しになりますが、志望理由書を作る際のメインになるのは、次の2つの作業です。

「B」＝「きっかけ」から、どうやって学びを深め、現在の「学問分野への関心」を持つに至ったのか。

「C」＝「学問分野への関心」をどう「大学での学び」につなげるか（大学で何を学ぶか）。

ここでは、この2つの作業をする際の注意点についてお話しします。

まず「B」からです。

## 「きっかけ」ばかりではダメ

僕はこれまで、数えきれないほどの志望理由書を読んできました。そこで本当によく見るのが、「A」、つまり「きっかけ」に偏っている志望理由書です。一見違和感はないのですが、これまでお話ししてきた書き方を知っていると、そのバランスの悪さがよくわかると思います。たとえば、

「子どものころから本を読むのが好きで、文学部を目指した」
「中学のときの先生に憧れたのがきっかけで、教師になろうと思った」
「そもそもルールや規則を守ることを大切にしてきたので、法律に興味を持った」
「ボランティアで高齢の患者さんに、ありがとうと言われ、看護師を目指すようになった」

これらに共通するのは、思い出レベルの話、具体性ゼロの漠然とした体験を書いているに過ぎない、ということです。

もちろん、「きっかけ」は、志望理由書に書くべき要素の一つです。過去の体験が学問への関心につながっていることを強調してください。

そこでぜひ意識してほしいのは、思い出レベルの話はやめましょう、ということです。思い出話は、たんなる感想文になってしまう恐れがあります。ハッキリ言ってしまうと、読み手に「幼い文章だなあ」という印象を持たれてしまいます。

また、大学の先生の立場に立ってみましょう。受験生のみなさんの思い出を聞かされても、何も感じるところがない……つまり、なぜうちの大学に入りたいのかがよくわからないのです。

ですから、志望理由書では、「A」より、むしろ「B」を強調して書かなければなりません。つまり、「きっかけ」から、「学問分野への関心」にどのように熟成されていったのか、その過程を相手に伝わるように書き出すことが大切なのです。

たとえば、先ほど「きっかけ」の例のところでお話しした、

「子どものころから本を読むのが好きで、文学部を目指しました。」

本を読むのが好きであるということはすごく結構なこと、いいことです。ですが、本は無数にあります。ジャンルもたくさんあります。本は星の数ほどあります。ですから、少なくとも、どんな本が好きなのか、どの作家が好きなのかぐらいは書きましょう。

たとえば、

「芥川龍之介《あくたがわりゅうのすけ》が好きで、ほとんどすべての作品を読みました。」

と書けば、先ほどの文章とは印象がまるっきり変わります。読み手は、この子は「どの作品が好きなのかな？」と思うでしょう。少なくとも僕は聞きたくなります。

「教科書に載っていた『羅生門《らしょうもん》』が好きで、何度も読みました。」

次に聞きたいのは、なぜ『羅生門』が好きなのか？

「やっぱり文体ですね。英語に翻訳された『羅生門』を読んだのですが、芥川の独特な文体が失われているように思いました。」

ここまで聞けば、「この子は本当に文学に関心があるんだな」「日本語の文体と英語の文体の違いについて学びたいのかな」、と思ってくれるはずです。

さらには、「他の子とは違うかもしれないな」「大学でもしっかり勉強しそうだな」と思ってもらえたら勝ちです。

いかがでしょうか?

「きっかけ」から「学問分野への関心」に向かう過程をしっかり書くことができれば、他の受験生とはちょっと違う、光って見える志望理由書になります。採点者である大学の先生も、「ぜひうちの大学に来てほしい!」と思ってくれるはずです。

## 「大学での学び」を調べること

次は「C」についてのお話をします。

大学で何を学ぶかということは、志望理由書のメイン。最も大切な部分です。なぜこの大学に行きたいのかを大学の先生に伝えるためには、この大学で何を学びたいのかを伝える以外にありません。

しかしながら、多くの受験生は、大学のイメージを伝えるだけで、具体的な学びについて書かれている志望理由書にお目にかかることは、ほとんどありません。たとえばこんなものが大多数です。

「しっかりと経済学を学ぶことができ、講義やゼミも充実している」
「広大なキャンパスで、自然に囲まれた環境で、ゆっくりと学ぶことができる」

「卒業生に著名な方が多く、就職先も有名な企業が多い」

いかがでしょうか？

「で？　もう少し具体的に言うと？」とつっこまれるか、もしくは、心の中でそうつぶやかれるでしょう。つまり、具体性ゼロの漠然とした内容なのです。

それにもう一度よく読むと、「それってどんな大学でも同じなのでは？」という内容です。具体性がないので、どんな大学にも当てはまってしまうのです。読んでもつまらない。ということは、この子はちょっとどうかな……と思われてしまうのです。

ぜひ行きたい大学なのですよね？　だったら、もう少し具体的なことが言えるように調べましょう。調べるときには、とくに、この大学ではどのような学びができるのか？　に絞って調べます。

たとえば、

「しっかりと経済学を学ぶことができ、講義やゼミも充実している」

に関しては、この「しっかり」と「充実している」の中身を調べます。

まずは、志望する大学のホームページを見ます。見るべきは、どのような授業があるのか？　ゼミがあるか？　です。先ほど、「学問分野への関心」のところで取り上げた、

「やっぱり文体ですね。英語に翻訳された『羅生門』を読んだのですが、芥川の独特な文体が失われているように思いました。」

このような興味を持っているなら、その興味をさらに深めることができる学びが、その大学にあるのかどうか？　という視点で調べます。

たとえば、「英米文学概論」「日本近代文学演習」「日英比較文学演習」などの名称の授業・ゼミを探します。その授業の説明を読み、「こんな授業を受けたい」と書きます。

「○○の講義を受け、日本文学を基礎的なところから学び、□□先生の△△ゼミに入り、翻訳と原本の比較研究を進めたいと思います。」

どうでしょう？　とても具体的な内容です。まるで印象が違いますね。

このように、大学での学びを具体的に示すことができれば、大学の先生も、「うちの大学のことをよく調べてくれているな」と思ってくれるでしょう。

あなたの志望理由書が評価された瞬間と言えるのです。

きっかけ
←学問分野への関心
←大学での学び
にどうつなげるかが重要
ハイ！

第

3

章

# 志望理由書を完成させよう

## 実践編

本章では、受験生の書いた志望理由書をもとにした、
受験生と僕のやりとりを見てもらいます。
志望理由書を完成に近づけるための実際の「工程」を見て、
第1章、第2章で学んだ知識の使い方を身につけましょう。
みなさんが添削指導を受けているつもりで読んでください。
受験生の名前はAくん。志望学部は文学部です。
ちなみに、添削の際の文体は、ふだんの僕の口調そのままとしました。
ちょっと厳しめかもしれませんが、予めご了承ください。

# 1

## ［第1回目］作成↓添削指導

### Aくんの志望理由書①

私は小さいころから読書が好きで、いろいろな本を読んできた。どんな本でも手当たり次第読み、今も、もっともっとたくさんの本を読みたいと思っている。そして、高校3年生の時、大学に行って、文学を学びたいと考えるようになった。

貴学は、優秀な先生が多く、しっかりと文学を学ぶことができる。キャンパスも広く、素晴らしい環境の中で学べることもよいと思った。オープンキャンパスに行った時、対応してくれた学生の方々の感じもよく、是非、この大学に入学したいと考えるようになった。

以上の理由で、貴学を志望する。

## 先生（僕。以下省略）の添削指導①

第1段落で「過去の自分」、第2段落で「大学での学び」を述べているのは悪くない。しかし、第1段落で述べているのは「読書が好きだ」ということだけではないか。読書が好きなのは結構だが、それだけでは小学生の感想文と変わらないだろう。ここではもう少し具体的な、あなたの読書体験を述べなければならないのだ。たとえば、あなたはどんな作家の、どの本が好きなのだろうか。少なくともそのくらいは明らかにすべきだ。そしてその本の著者のどのような点に関心を持ったのか、本の内容の何に関心を持ったのか、その本にはどんな特徴があるのか、そうしたことを示してほしいのである。

次に、第2段落だが、「優秀な先生」「キャンパスが素晴らしい」「学生の感じがよい」というイメージが並べられただけである。これらは、あまりに漠然としているし、どの大学でも言えることであるため、どうしてもこの大学で学びたいという理由にはならないのだ。ここでは、大学のどのような授業をとりたいのか、そこで文学の何を学びたいのか、そうした具体的な学びを述べてほしいのである。


添削指導の内容をまとめましょう。

Ａくんの志望理由書は、「読書が好きなので、よい環境のこの大学で、文学を学びたい」という、やや漠然とした内容でした。

それに対し、「どんな読書をしてきたのか、大学では何を学びたいのか」という具体的なことを書きましょう、とコメントしたわけです。

つまり今回のやりとりでは、過去の自分や、大学での学びについて、

「具体的に書く」


ということが指示されたわけです。

さあ、このあと、どのような展開になるのでしょうか？　次のやりとりを見てみましょう。

2

［第2回目］作成↓添削指導

## Aくんの志望理由書②

小さい頃から読書をするのが好きだったが、芥川龍之介の小説が、特に好きである。『蜘蛛の糸』を読んで虫を殺せなくなった記憶や、『羅生門』を読んで暗いところが怖くなったことを強く覚えている。あまりに好きで、英語に翻訳されているものまで読んだこともある。読書をすることで、自分の人生に影響を与えられることに魅力を感じている。

大学では、人生に影響を与える本をさらに探し、読書がなぜ人生に影響を与えるのかを考えたい。そのために、日本近代文学を基本から学びたいと思っている。貴学には、近代文学の講座が多くあり、私の学びたいことを学ぶことができると思う。また、〇〇教授は、芥川龍之介の専門で、ぜひ先生のゼミに入り、私の好きな作品の謎について研究したいと考えている。

## 先生の添削指導②

前回に比べ、具体的にあなたの読書体験が示されているし（第1段落）、大学での学びも少し明らかになっている（第2段落）。添削指導を受けて、修正できている点は評価したい。

ただ、これまでの読書体験と大学での学びのつながりが、「読書の人生への影響」でしかない。なぜ人生に影響を与えるのかということを文学部で研究するというには、ちょっと無理があるように思う。

さて、あなたは、英語に翻訳されているものを読んだと述べているが、そこで感じたことや、疑問に思ったことはないのか。もし、翻訳に関心があるのならば、それは、大学での学びに十分つながるだろう。大学で近代文学を学び、さらに翻訳を学ぶことで、言語や文化の違いについて研究する、というのはどうだろう。大学の授業やゼミについても、さらにくわしく書くことができるのではないか。

今回は、「自分の体験」と「大学の学び」をつなげましょうとコメントしました。第2章で学んだことを思い出しましょう。

①過去の自分
②現在の自分
③大学の自分
④将来の自分

この4つの要素を組み立てるには、4つをつなげる物語（ストーリー）が必要です。今回は、②→③をつなげる物語が必要だとコメントしました。それでは、次のやりとりでは以下の点について考えます。

「物語を作る」

では、さっそく次にいきましょう。

# 3

# ［第3回目］作成→添削指導

## Aくんの志望理由書③

小さい頃から読書をするのが好きだったが、高校1年の時、学校の授業で『羅生門』を学び、文学の魅力に気がついた。芥川龍之介は、世界でも高く評価されていて、なかでも『羅生門』は黒澤明監督の映画の題名になるほど人気のある作品である。そこで、私は、日本の文学が欧米の人にどのように読まれているのか気になり、英訳を読んでみた。私は、日本の文学を欧米人はどのように考え、どう訳されているのかということに興味を持っている。

貴学の文学部は、日本近代文学概論、英米文学特講、日英比較文学演習、などの講座が用意されており、私が学びたいことを学ぶことができるため、私にとって魅力的な環境であると言えるだろう。また、〇〇教授は、芥川龍之介の専門で、ぜひ先生のゼミに入り、文学研究を追究したいと思っている。

将来は、まだはっきり決めていないが、大学での学びを活かして、通訳や翻訳などの仕事につけたらよいと考えている。

## 先生の添削指導③

かなりよくなっている。読者体験として、芥川の英訳への関心が明らかになっているし、それに対する大学での学び（英米文学との比較）が示されているのは評価したい。漠然としてはいるが、将来のビジョンが示されているのも悪くないだろう。

さらによいものにするために、3点指摘したい。

①英訳を読んだとあるが、原本と英訳の違いは何かを示してはどうか。あなたの高校生までの文学に対する学びを具体的に伝えることができるだろう。

②いくつか講座が示されているが、時系列に（学びの順を明らかにし）並べてみてはどうか。

③第1段落の「過去の自分」と、第2段落の「大学での学び」を、さらにつなげるために、原本と英訳の背景にある文化に目を向け、「両文化に関心を持ったので、大学でも学びたい」というような流れにするとよい。

「翻訳」に目を向けましょう、という先生からのコメントでした。

さらに、このコメントの要点として押さえておきたいのは、自分の学びを通しての「成長」を示すことです。

「学びの成長を示すこと」

もう少しくわしく説明しましょう。

「読書が好き↓芥川が好き↓翻訳への関心↓文化への関心」

のような流れを作ること。

また、大学でも、

「基本的な学び↓深い学び」

という成長の流れを示すことが求められるわけです。

さあ、次は最終回です。どのように仕上げていくかに注目してください。

## Aくんの志望理由書④

　小さい頃から読書をするのが好きだったが、高校1年の時、学校の授業で『羅生門』を学び、文学の魅力に気がついた。芥川龍之介は、世界でも高く評価されていて、なかでも『羅生門』は黒澤明監督の映画の題名になるほど人気のある作品である。そこで、私は、日本の文学が欧米の人にどのように読まれているのか気になり、英訳を読んでみた。英訳は原文に比べて省略が多く、細かい状況があまり詳しく書かれていなかった。長い一文であるものは言葉を切って、短文になっており、テンポよく読むことができたのだ。日本人と欧米人は、文を読むリズムが違うのではないだろうか。私は、日本の文学を、欧米人はどのように考え、どう訳されているのかということに興味を持っている。

貴学の文学部では、文学論Ⅰ、日本近代文学概論で、文学の基本的なことを学び、2年次以降、英米文学特講、日英比較文学演習で、原本と翻訳の違いについて研究したい。さらに、英語文化論、比較文化演習などにより、文学だけではなく、文化や宗教や心理学など幅広く勉強することができる。貴学は、私が学びたいことをすべて学ぶことができるため、私にとって魅力的な環境であると言えるだろう。また、○○教授は、芥川龍之介の研究で有名な先生で、できればゼミに入り、大好きな芥川の作品を追究したいと思っている。

将来は、まだはっきり決めていないが、大学での学びを活かして、通訳や翻訳などの仕事につけたらよいと考えている。

## 先生の添削指導④

前回の添削指導をふまえて、十分な志望理由書になっている。芥川→翻訳というあなたの関心の柱ができていて、過去の自分から大学での学びまで、一貫した物語（ストーリー）ができているのだ。翻訳へのあなたの分析、大学での学びも具体的になっていて評価できる。これで文句のない完成品というわけではないが、大学に提出しても恥ずかしくないレベルであると言えよう。

さらに、過去の自分の学びを思い出し、大学での学びを調べ、より具体的な志望理由になるよう心がけてほしい。ちなみに、これまでとこれからの学びを具体化することは、志望理由書の作成だけでなく、面接対策にもなるので怠らないこと。

いかがでしょうか？　立派な志望理由になりました。

Aくんの「志望理由書①」と「志望理由書④」を比べてみてください。違う人が書いたのではないか？　と思うほど、まるで説得力が違います。

それでは、先生の添削指導をまとめましょう。

**過去の自分や大学での学びについて「具体的に書く」こと**

**①過去の自分、②現在の自分、③大学の自分、④将来の自分の4つの要素をつなげる物語（ストーリー）が必要**

**学びの成長を示すこと**

志望理由書を書くときはいつも、この3つのポイントを意識してください。

また、これはそもそもの話なのですが、書いた志望理由書は、恥ずかしがらずに、だれかに見てもらいましょう。

つまり、**必ず添削してもらう**、ということです。自分が書いたものを自分で添削するには限界があります。

いい志望理由書にするためには、第三者に見てもらい、何度か書き直すことが不可欠なのです（この話は、志望理由書だけではなく、書き物すべてにあてはまります。この本も、僕が書いた原稿を、担当の編集者に読んでもらっています。編集者からコメントをもらいながら、何度か書き直すという工程を経て、本になっているのです）。

学校の先生、塾・予備校の先生に相談して、添削指導を受けることをおススメします。

COLUMN

# こんな受験生がいました①

以前の教え子に、僕のところにふらっと現れ、サッカーが好きだということだけを話し続けて帰っていく生徒がいました。

一度や二度ではなく、何度も何度も。

少しずつ話を聞いていくと、サッカーを続けていく上で、そこに民族差別があったこと、そういう差別に嫌悪感を抱いていたこと、なぜそんな差別が生じるのかということなど、様々な思いを抱えながらサッカーをしていたことを話してくれました。

そこで、志望理由書を書くことになった彼に、そうした差別への問いかけをもとにして、差別について深めては？　とアドバイスしました。最終的に彼は、差別への関心を中心に、りっぱな志望理由書を書き上げました。

僕は、彼から気づかされたことがあります。

本人は、自分の体験なんて、志望理由書に書くほどのことではないと思っていたようです。でも、よくよく思い出していくと、そこには本人なりの具体的な問いがあったわけですね。

もしかしたら、みなさんは、自分の体験などはたいしたことがないと、無意識に過小評価していませんか？

しかし、何気ない体験の中にこそ、人間や社会に対する立派な問いがひそんでいる可能性があるのです。

その隠れた問いを、みなさんも探ってほしいですし、僕もそのお手伝いができたらと思っています。

# 第4章

# 学部系統別志望理由書の書き方

第3章までで、志望理由書全体についてのお話をしました。
本章では、学部・学科別の書き方について解説をします。
志望理由書は、志望する学部・学科ごとに
ふさわしい書き方があります。
学部・学科が異なれば、学ぶ内容が違うことは当然です。
しかし、それ以外にも意識しなければいけないことがあります。
志望理由書をさらにブラッシュアップするために、
ぜひ押さえてほしいポイントについてお話しします。

1

# 就職先がイメージしにくい文系と、仕事に直結する理系

## 文系は将来の仕事につながらない？

第1章でも少し触れましたが、将来の就職先、という観点で、文系・理系それぞれの特徴についてお話しします。

まずは文系です。

すごくザックリ言うと、文系の学部・学科で学ぶことは、**将来の職業をイメージしにくい**、ということです。

大学生の約7割は文系の学部・学科に所属しています。しかしそれらの学部・学科

で学ぶことの多くは、将来就く職業に必要な能力に、「直接的」な関わりが薄いというのが現実です。

これは決して、文系の学部・学科で学ぶことがムダである、ということではありません。もう一度誤解がないように言います。文系の学部・学科で学ぶことが「直接」、つまりそのまま仕事になることが少ないということです。

たとえば文学部では、おもに、文学、哲学、歴史学などを学びます。しかし、それらの能力をそのまま活かせる職業は少ないでしょう。

法学部、政治学部、経済学部は、一見社会に役立つように思えますが、法律の専門家や政治に関する仕事は、相対的に見てそれほど多くはありません。

経済学を学ぶと、将来の仕事に直接役立つイメージがあるかもしれません。しかし、経済学の専門的な知識が必要な場面は、それほど多くはありません。

商学部に行ったからといって、卒業生全員が税理士や公認会計士になるわけではありません。経営学部の卒業生全員が経営者になるわけでもありません。会計、経理、マネジメント、マーケティングなどの知見が、多くの仕事に役立つのは事実です。しかし、これらの仕事に就く人すべてが、商学部や経営学部卒というわけではありません。

例外は教育学部です。教育に関係する仕事に就ける、という意味で、直接将来の仕事につながっています。

## 理系の学問は職業に直結

理系の学部・学科で学ぶ内容は、**将来の職業に直接つながる**ものが多いと言えます。

工学部の学生は、将来エンジニアになる人が多いです。

医学部や看護学部などの医系学部の卒業生のほとんどは、医系の職業に就きます。農学部の卒業生は、農業に関わる仕事に就く人が多いでしょう。そうでなかったとしても食品や製薬など、学部・学科で学んだ内容に直接関わる職業に進みます。

理学部はどうでしょうか？　理学部は学問そのものを追究するため、直接的に仕事に関わるイメージがしにくいかもしれません。しかし、理学部の学生は、大学院に進学して研究職に就くことが多いです。

理系の他の学部・学科も同様に、大学院への進学を希望する学生が多いです。

このように考えると、本当にざっくりですが、理系の学生の多くは、大学での学びに直接関わりのある職業に就くと言っていいでしょう。

では、この話を踏まえて、文系、理系それぞれの学部・学科別の志望理由書の書き方を説明しますね。

文系は将来の職業をイメージしにくい
理系は将来の職業に直結
うんうん

# 2 文系の志望理由書

まずは、文系学部の志望理由書の書き方です。

本章では、紙幅の関係上、すべての学部について説明することはできないので、志望者が多い学部系統別ごとにお話しします（予めご了承ください）。

文系の学部は、大きく、**人文科学系学部**と**社会科学系学部**の2つに分けられます。

まずは、人文科学系学部からです。

## 人文科学系学部について

人文科学系の学部には、文学部、人文学部、教養学部、外国語学部、人間科学部、教育学部などの学部があります。

これらの学部では、学問、思想、歴史といった文化一般について幅広く学びます。ですから、志望理由を書く際に大切なのは、幅広い学びの中から、各学部で何を学びたいのかを明確にするということです。

第3章で先生とやりとりをしたAくんは、文学部志望でした。ちょっと思い出してください。

Aくんは、先生とのやりとりを通して、芥川の作品や、原本と翻訳の比較に関心があることをアピールしました。興味・関心事を具体化する必要があるということでしたね。

とくに、人文学部、教養学部、人間科学部では、学問領域の枠を越えて学ぶので（これを、「学際的に学ぶ」と言います）、志望理由も抽象的になりがちです。ですから、何を学びたいのかを具体化することがとても重要になります。

## 社会科学系学部について

社会科学系学部には、法学部、政治学部、経済学部、経営学部、商学部、国際関係学部、社会学部、社会福祉学部などがあります。

これらの学部は、学部名の通り、法学、政治学、経済学、経営学、商学、国際法・政治・経済・経営、社会学、そして、社会福祉について学びます。

それぞれ専門の分野を追究していくため、みなさんが志望する学問分野の中の、**どのようなことに関心があるのかを具体的に書く**必要があります。

人文科学系学部と比較すると、学びの内容に具体性があるので、学部別にくわしく見ていきましょう。

### 【法学部・政治学部】

みなさんが今まで見聞きしてきた様々な規則、ルール。そこに見られる公平性への関心。また、裁判やその判例への関心を持っていることが望ましいでしょう。

政治学部であれば、政治、行政への関心を具体化する必要があります。

### 【経済学部】

わたしたちの経済活動への関心が問われます。

あらゆる企業は経済活動を行っていますので、ビジネスパーソンには経済学の知見が求められるのは言うまでもありません。直接関係する仕事は多くないかもしれませんが、間接的にはすべての仕事に求められる学問と言っていいでしょう。

文系の学部に分類されますが、学ぶ内容には数学的な知識・技能が求められます。

### 【経営学部・商学部】

財務、会計、マネジメント、流通などを学びます。これらの学びは、実際の社会で役に立つ学問です。実際の社会で役立つ学問を「実学」といいます。

文系の中では数少ない実学を学ぶ学部なので、みなさんが将来就きたい職業をイメージしておく必要があるでしょう。

つまり、これまでの「学び↓大学での学び↓将来の職業」、という流れをしっかりと作らなければなりませんね。

## 【国際関係学部】

国際的な相互理解を目標に、世界の各地域の法律や政治・経済、思想・言語・歴史などを学際的かつ総合的に学びます。

また、このような学部・学科では、国際企業や国際機関で活躍するための語学力や、情報処理能力も求められています。

学際的で総合的であるということは、学びたい分野をしぼるのは難しいということになります。ですから、国際政治、国際経済などの具体的な事例に関心を持ち、自分なりに深めておく必要があるでしょう。

また、留学体験や語学力が高いこともアピールポイントになるはずです。

【社会福祉学部】

社会的弱者を支援するための知識や技術、または社会福祉の制度、政策に関する知識を身につけます。将来、社会福祉士となって、実際に現場で自立支援を行ったり、政策立案に関わることがあるでしょう。

ですから、社会福祉の知識や現状について学んでおく必要があります。

【社会学部】

人間集団に起こる様々な現象について、その原因や実態を科学的かつ実践的手法で分析し、解決策を探る学問を身につけます。こうした学びは、文系、理系を問わず、様々な学問からのアプローチが必要になります。

だいぶ抽象的ですね。ですから、大事な点は、どのような問題に関心があるのかはっきりさせ、それをいくつかの学問の手法で分析していきたいなど、ある程度具体化した志望理由が必要になります。

# 3 理系の志望理由書とは

次に理系学部・学科です。
理系の学部・学科は、自然科学系学部と医学・医療系学部に分けられます。
まずは、自然科学系学部からお話しします。

## 自然科学系学部について

自然科学系学部には、理学部、工学部、農学部、畜産学部、水産学部などの学部があります。

それぞれ、高度に細分化、専門化されていますので、学部・学科・コースで学ぶことは事前に把握しておく必要があります。これを怠ると、志望理由と、志望する学部・

学科・コースで学ぶことの間にズレが出る危険性があります。

　つまり、**専門性が高い分、くわしく知る必要がある**ということです。

　もちろん将来の職業にも直結するので、具体的な職業のイメージも持っておきましょう。


**【理学部】**

　理学部の研究は、理論と実証を繰り返し、自然現象の本質に迫るのが目的です。

　理学部の主な学びは、どちらかと言うと基礎的な科学研究の類です。その意味では、直接社会に役立つ学びではありませんので、自然科学それ自体の面白さへの興味・関心を持つことが大切です。

　また、社会に役立つ商品を作る仕事にも直接つながることは少ないので、大学院に進学して、企業内で基礎的な研究に従事することを想定しておくべきでしょう。

## 【工学部】

基礎的な研究を主とする理学部に比べて、応用研究によって人間や社会に役立つ学びを行います。ですから、工学部志望の受験生は、人間や社会にどう役立つのかという視点で、志望理由を考える必要があります。

また、工学研究は日々進歩しています。そのため、先端的な研究にも目を向ける必要があるでしょう。

## 【農学部・畜産学部・水産学部】

資源の生産・供給を目指す研究がメインです。

しかし近年、環境の保全やバイオテクノロジーを利用した技術の開発など、研究領域が急速に広まっています。ですから、農林水産関連の職業を目指す人は、それぞれの分野の現状や問題を把握しておくべきでしょう。

また、地球環境や地域の環境に関する研究を進めたいなら、どのような環境の問題に関心があるのか、具体的に書くことが必要です。

## 医学・医療系学部について

医学・医療系学部には、医学部、歯学部、看護・医療学部、薬学部などがあります。これらの学部では、医学・医療を担う人材を養成することが目的です。ですから、当然のこととして、医療従事者としての資質が求められます。

また、人間の健康や生命を扱う仕事であるため、他の学部よりも、より高い医学・医療への関心や、将来の職業への心構えが必要でしょう。

【医学部】

現在の医療は様々な問題を抱えています。

慢性疾患の増加、高齢者医療の必要性。さらには、終末期医療、地域医療、先端医療などの問題についての理解を深めなくてはいけません。そして、それらへの関心の高さを示すことが求められます。

また、医師には臨床医と研究医が存在します。臨床医を目指す人は、これからの社会に必要な医師を、研究医を目指す人は、高い倫理観を持った医師を目指さなければならないのです。

【歯学部】

歯科医と言えば、虫歯の治療を行っている開業医をイメージするかもしれませんが、実はもっと幅広い役割があります。

現在では歯科医療は全身医療（薬物を血流で循環させて、全身の細胞に至らせて作用させる治療法）ととらえられていて、虫歯や歯周病の予防、健康維持のための口腔ケア、高齢者の誤嚥性肺炎の予防など、医学とも関わる学問分野となっています。

そうした歯科医の社会的な役割について理解した上で、志望理由を書きましょう。

## 【看護・医療学部】

看護師や療法士を養成します。

現在では、中高年の生活習慣病が、医療のメインターゲットとなっています。さらに高齢者の増加にともない、老人退行性疾患が大きな問題となっています。

医療は治療からケア中心に変化しています。この変化は、患者の人間性全体をみる医療の必要性の増加、と言い換えられます。ですから、看護師や療法士の存在が、これまで以上に重要になると言えるでしょう。

そうした状況の中で、どのような問題にどう対応していくのか、具体的なイメージを持っておく必要があるのです。

## 【薬学部】

薬剤師と薬学研究者の養成が目的です。

薬剤師の仕事は、処方箋をもとに薬を患者に提供する仕事、とイメージするかもしれません。もちろん、そのような仕事もあります。しかし、それだけにとどまりません。医師と連携して患者に最適な薬剤を処方したり、地域医療において高齢者の服薬指導を行います。最近では、かかりつけ薬剤師といった、近所の身近な医療相談者としての役割が期待されています。

また、薬学研究者は、高度化した先端医療を担う新薬の開発を行います。相次ぐ新型の感染症の治療薬、副作用の小さい薬剤など、社会からの期待は大きいのです。

まとめます。

医学・医療系学部を志望するみなさんは、20世紀まで続けられてきた「治療・延命の医療」と、21世紀（今）に求められている「予防、ＱＯＬ（クオリティ・オブ・ライフ＝生活の質）の向上をめざす医療」の違いを認識することが重要です。

これは、受験生にとっても大切で、将来、医療従事者となる人すべての基本姿勢に関わることです。しっかり学んでおくことをおススメします。

学部・学科によって書き方が違うんだよ

# 4 学部別志望理由書の例

ここからは、以上の内容を踏まえて、学部別の志望理由書の例を見ていきます。

これも紙幅の関係上、すべての学部・学科の志望理由書を載せることができないので、予めご了承いただければと思います。

紹介する前にひとつだけ注意してほしいことがあります。これから紹介する志望理由書の例は「完成品」ではありません。それぞれに、いいところ、悪いところがあります。この点は、僕がコメントを入れますので、自分ならどう書くか考えながら読んでください。

また、これは念のため申し上げますが、志望理由書の例をコピペしてはいけません。たとえ評価されたとしても、面接でバレます。あくまで志望理由書を作成するための参考にしてください。

## 志望理由書例①

## 【法学部法学科】

　私は今日ある様々な国際問題の解決には、多方面からの歴史認識が不可欠であると思う。その1つが日本と中国間の対立だ。根本には戦争での戦闘があると思うが、一方で戦闘をした事実を見るだけでは解決には繋がらないと感じる。実際にその歴史が曖昧にされている例もあるからだ。例えば南京大虐殺などの虐殺は両国の歴史教科書での解釈の相違などが対立を生み、真実が明かされぬまま結局教科書から排除されている現状がある。だがこの様に棚上げにしたままでは問題は解決しない。私はまず自国の歴史観だけでなく、両者の関係史、そしてそこに存在する人々の個別の歴史という多方面からの歴史認識をする事が国際問題の解決に繋がるのではないかと考える。

そして、この事が両国の相互理解を深め、より良好な国際関係を築く事にも繋がると考える様になり、貴学で国際関係法を学びたいと思った。特に国際関係法特殊講義における「日中関係の歴史と展望」に強い関心を抱いている。急成長をとげる中国が今後の日本には重要な存在であると考えたからだ。そして歴史認識を基本として、現在の国際関係を考え直し、政治や経済、文化の交流を如何に良好なものにできるかを貴学科では追究したい。また、私の叔母がシスターとしてフィリピンへ行き、貧困地区で幼稚園を経営しているが、中国との関係だけでなく、アジアを引っ張るべき日本という意味でもアジア全体を通して歴史認識を深め、漠然と抱いていた国際貢献への関心を具体的なものとし、将来は叔母の助けになれる様にというのはもちろん、国際機関やNGOなどで日本と他国の国際的な架け橋となれれば良いと思っている。

## 志望理由書例①【法学部法学科】へのコメント

なかなかいいと思います。

国際問題の解決には、多様な歴史認識を認め合うことが大切だという、過去の学びを踏まえています。さらに大学で国際関係法を学びたいと述べています。

- 国際関係の背景にある歴史に目を向けていること
- 体験にもとづいた学びと、大学での具体的な学びが示されていること

以上2点はとても評価できます。

一方、少し気になる点もあります。歴史認識への関心と、国際法を学ぶということとのつながりが少し弱いです。

この点を解決する方法は、

国際問題への関心（過去の自分の学び）→国際法による解決（大学での学び）

という流れの物語を作ります。そこにプラスαとして、歴史認識が重要であるという構成にすることで、書いたことすべてがつながってきます。読んだ大学の先生の納得感も増すことでしょう。

志望理由書例②

# 【経済学部経営学科】

私は中学で書いた卒業論文がきっかけで、企業の経営戦略に興味を持ち、それと同時に現代の大量消費社会における企業のあり方について疑問を抱くようになった。現在企業は、消費者にできるだけ多くの商品を買ってもらうことばかりを意識し、目先の短期的な利益のことしか考えていないように見えるからだ。

ネフ社の積木は丈夫でぬくもりがあり、使い込めば味が出るため長く遊ぶことができる。見た目も芸術的であるため大人も楽しめ、子どもに害のない塗料、環境に害のない木材を使い、安全性にも考慮しながら子どもの創造性を育むように作られている。まさに私の理想の「良いおもちゃ」なのである。私は将来このような「良いおもちゃ」を世界中の子どもたちに届け、たくさんの笑顔を作っていきたいと思っている。

しかし今の玩具メーカーはその理想とは遠く、他の企業と同様に目先の利益にとらわれるあまり、本来のおもちゃのあり方を見失っている。子どもに必要以上に媚びたおもちゃは、子どもに喜ばれてもすぐに飽きられる。最近ロングヒット商品がなかなか出ないのは、このことが原因であると思う。長期的で持続的な利益を得るためにも玩具メーカーを含め企業は、商品を買った後に生まれる価値を重視するべきである。そのような「良い企業」が増えることで、より良い社会の実現が可能になるはずだ。私はその「良い企業」で働き、「良いおもちゃ」を広め、子どもたちが、おもちゃを通して夢や希望を持てるように手助けをしたいと考えている。

これらのことを実現するため、貴学経営学科で経営戦略やマーケティングを学んで、どうすれば「良いおもちゃ」を多くの子どもに広められるか、どうすれば企業が社会と良い関係を築きながらビジネスと社会貢献を両立できるのか考察したい。基礎的な知識・スキルを身につけた上で、3年次から中心となる少人数のグループによるゼミで専門知識の習得と同時に発想力や思考力、コミュニケーション力を身につけたい。また、副専攻で国際関係研究専門分野の授業をとって、より幅の広いグローバルな視点を持ち、語学は英語、中高で学んだフランス語、さらにドイツ語を新たに学びたい。

貴学で学んだことを活かして、卒業後は玩具メーカーで働き、その後も活動の舞台を広げて社会に貢献していきたい。

## 志望理由書例②【経済学部経営学科】へのコメント

大変よく書けています。

とくに、いいおもちゃ、いい企業のあり方について、自分なりの分析ができている上に、その視点も鋭いと思います。

大学での学びについても、くわしく調べた跡がはっきりと見え、よくまとまっています。全体的に高く評価できる志望理由書に仕上がっています。

自分が好きなもの、興味のあることを、きちんと思い出し、そこになんらかの社会的な意味を見出すというのは大変いいと思います。

「おもちゃ」が志望理由にはなりそうもないと思うかもしれませんが、この志望理由書の構成は、「おもちゃ」を軸にすえることで強い説得力が生まれました。

**一つのテーマを軸にして話を広げる。**これがこの志望理由書を強くした理由です。これはみなさん、ぜひマネすることをおススメします。

とくに改善点をコメントする必要はないのですが、強いて言うならば、大学での学びをどう活かして、あなたの望む企業にしていくことができるのか、もう少しくわしく書ければ言うことなしです。

でも、これは就職活動で話すレベルの話題ですから、このままでも十分です。

## 志望理由書例③

## 【理学部理学科】

高校の授業で、反応特異性や基質特異性という酵素の性質を知った時、シンプルながらよくできたその仕組みに感心した。また、パイナップルやキウイなどでもタンパク質分解酵素を持つと知り、ゼラチンにこれらを生の状態で入れると固まらないという自分の持っていた知識と、生物で得た知識が繋がり、より面白みが増した。そこで、酢豚にパイナップルを入れると肉の繊維が切れ柔らかくなることに注目し、「パイナップルが持つ酵素は異なるpH環境下でどのように作用するか」というテーマで生物の自由研究も行った。

昨年春頃、プラスチック（PET）分解酵素を出す菌が偶然ごみリサイクル施設で発見され話題となった。プラスチックゴミ問題の解決に繋がるかもしれないという、酵素の持つ可能性の広さに驚かされた。現時点では分解速度が遅いため実用化はできないが、ここ数十年で菌がPETを分解するために急速に進化したと考えられる点と、酵素に改良の余地があることから、研究が進められているという。これまで酵素の社会利用や産業利用について考えたことがなかったが、調べてみると、食品関連を筆頭に、化粧品や洗剤、医療品など多岐にわたる分野で利用されていることがわかり、自分も将来酵素を利用した研究に携わりたいと思った。

私は、貴学のカリキュラムを通して、生物化学の様々な分野の知識を幅広く会得したい。とくに、理学科のカリキュラムでは、1年次に理科3科目の基礎実験が必修であることや、2年次に2つクラスターを選択でき、自分が得られる知識の幅が広がることに魅力を感じた。また、自由研究を通じて養った計画性や、客観的にデータを分析できる力、行き詰まった際に物事を整理して問題解決に繋げる力を、ぜひ大学でも活かしていきたい。

将来は自分が得た生命科学の知識を活かし、柔軟な視点や発想で社会貢献できればと考えている。

## 志望理由書例③【理学部理学科】へのコメント

きっかけ↓酵素利用技術への関心↓大学での学び↓将来、これらのつながりの物語は納得感があります。

また、第2段落の関心はよく書けています。評価してよいでしょう。

ただ、大学の学びをもう少し書いたほうがバランスがいいでしょう。酵素について学べる講義や、ゼミを示すことができればよいでしょう。

また、将来のビジョンももう少し書けていればなおよしです。

理系の学部の志望理由書は、正直なところ、**ある程度の前提知識**がないとくわしく書くことができません。

子供のころの科学への関心から書くことは悪くありません。むしろ、それはいいことだと思います。

しかし、説得力を増すためには、**高校生の理系科目で学ぶレベルの知識を使って**自分の関心事を表現する必要があります（それ以上のレベルも必要かもしれません）。やはり、ある程度つっこんだ学習内容や、自分で調べて得た見解を示すことが必要です。

また、現在の科学の最先端や、その限界、そしてこれからの解決の方向性などを知っておくことが重要ですね。

## 志望理由書例④

# 【医学部医学科】

私の兄は出産時のトラブルにより亡くなってしまったが、生まれて来ることができなかった命や、生まれてすぐ消えてしまう命もたくさんあるということを改めて感じたのと同時に、その事実をとてもリアルに感じた。そもそも出産は奇跡であり、赤ちゃんが無事に生まれて元気で育つのも、また奇跡と言われている。したがって、安心して赤ちゃんを産み育てていける環境を作りたいと思い、産科医になりたいと思うようになった。

今現在、産科医不足が問題になっている。特に地方での産科医不足は周産期医療において地域格差を作り出していて、課題となっている。数年前は、二次医療圏で産婦人科医はゼロであったり分娩取扱施設がない地域があった。このように、お母さんが安心して子供を産み育てることが困難になっている問題がある。

貴学は、地域医療で活躍する医師の養成に力を入れている。早期実習の充実、周辺医院での臨床体験などにより、地域医療の実態を感じ取ることができるだろう。将来は医師として、お母さんが安心して赤ちゃんを産めるような環境を作りたいと思う。

## 志望理由書例④【医学部医学科】へのコメント

きっかけ→産科医不足への関心→大学での学び→将来、という物語ができています。きっかけは説得力がありますし、産科医不足問題への関心も悪くないでしょう。

ただ、きっかけの部分が長いです。その分、大学での学びや将来について、が手薄になっている印象です。

大学で産科医として必要な能力をどう身につけるのか、どのような産科医になりたいのか、もう少し書ければなおよしです。

COLUMN

## こんな受験生がいました②

個別指導に通っていたまったくやる気のない受験生の話です。

勉強はまったくやる気なし。ですが、コンビニでバイトをしていることだけは、楽しそうに話してくれました。

バイトしていたコンビニは高齢者のお客さんが多いそうで、高齢者のお客さんに何かサービスができないか、と逆に僕に質問してきました。

それで二人であれこれ話していると、高齢者へランチや夕食を宅配をすることで、食事を作る面倒がなくなるだけでなく、毎日の見守りになるのでは？　という案が浮かんできました。

実際に似たようなサービスはあるのですが、面白そうですよね。

そこから話は盛り上がって本人は活き活きとして、あちこちに足を運び、自分で調べるようになりました。

最終的にはコンビニの本社で、しかも、幹部職員の前でアイデアをまとめたものを発表するまでに至ったのです。

こんな受験生、大学が放っておくわけありませんよね。

ふだんの生活の場、この受験生でいうと、家庭や学校などでは眠っていた能力や関心が、少しのきっかけで目覚めました。彼の際立った点は、行動力です。やる気のなさそうな顔をしながらも、どこへでも足を運ぶ行動力を持っていました。

一見、コミュニケーションをとるのが苦手に見えましたが、自分が興味・関心を持った分野では、一転、たとえ社会的な地位が高い大人とでも、積極的に会って話をしました。

僕は彼を通して、ふだんは発揮されない、そして、心の奥底で眠っているかもしれない能力に注目すること、そして、自分なりの体験をして、学びを深めていくことができるように働きかけていかなければならないことを、改めて学ぶことできました。

第

5

章

# 「志望理由書」と「自己アピール書」と「面接」

本章では、志望理由書が、自己アピール書、面接と深く関連している、
というお話をします。
結論から言うと、それぞれ別個のものではなく、
すべてつながっています。どういうことか?
くわしく説明したいと思います。
本書のテーマは志望理由書なので、自己アピール書の書き方、
面接の練習のしかたにはくわしく触れません。
それぞれの試験での位置づけ、という視点でお話ししたいと思います。

# 1
# 「志望理由書」と「自己アピール書」は切っても切れない関係

## 「自己アピール書」とは何か？

そもそもの話ですが、学校推薦型選抜・総合型選抜では、ほとんどの場合、書類の提出が要求されます。

提出書類は、この本のメインテーマである「志望理由書」。それに加え、「自己アピール書」や「活動報告書」などがあります（大学によって名称が違うことがありますが、基本的な内容は同じです）。

自己アピール書とは、その名の通り、自分をアピールするための書類です。現在の自分が大学で学ぶに値する資質を持っているのか、どのような能力を持っているのか、どんな性格なのかなどを、大学側に伝えるツールです。

これだけ聞くと、

「え？　志望理由書と何が違うの？」
「結局同じことを書いてしまいそう……」
「アピールしろと言われても、そんなの思いつかない……」

と思ってしまいそうです。実際、「志望理由書」と「自己アピール書」の違いを理解しないまま書いている受験生が多く見受けられます。

では、「志望理由書」と「自己アピール書」はどこが違うのでしょうか。実は、この2つの書類、似ているところと違うところ、それぞれがあります。

それではくわしく見ていきましょう。まずは、似ている点です。

## 「志望理由書」と「自己アピール書」の骨格は同じ

まずみなさんにしっかり押さえておいてほしいことをお伝えします。

それは、「自己アピール書」は、「〜の能力が高い」と**単純なアピールをするだけではダメ**ということです。

自分がそれを聞く側になったとき、そんなアピールをする人をどう思うでしょうか？

**「へ〜。そうなんだ。で？」**

と思いませんか？　ですから、採点者である大学の先生も、同じように思う可能性大です。

単純なアピールは、ただの自慢でしかありません。必要なのは、「〜の能力が高い」ことの根拠、裏づけです。

つまり、あなたの能力を高めるきかっけとなった、**過去の体験が聞きたい**のです。

自分の過去を客観的に見つめなおします。そして、どのような体験や学びから、現在の自分の資質や能力が作られたのかを、分析して書く必要があるのです。

この点をしっかり押さえた上で、実際の書き方のお話をします。

志望理由書作成の４つのステップは、

①過去の自分　↓　きっかけ
②現在の自分　↓　学問分野への関心
③大学の自分　↓　大学での学び
④将来の自分　↓　職業像

でした。

それに対して、自己アピール書作成のステップは、

①過去の自分 → 根拠となる体験
②現在の自分 → 資質、能力、性格など
③大学の自分 → 資質、能力、性格などを大学で活かす
④将来の自分 → 資質、能力、性格などを職業などで活かす

となります。
つまり、「志望理由書」と「自己アピール書」は、書くための「骨格」は同じということです。

では、次は異なる点です。

## 「自己アピール書」は過去と今の因果関係を示そう

第2章で、志望理由書では前述の「骨格」のうち、②→③が大切とお伝えしました。

一方、自己アピール書は、①→②が重要です。これは大事なポイントです。

「過去の自分の体験」を示し、その体験のおかげで「現在の自分」があるという、原因と結果を強調するわけです。


前述の「骨格」の①→②を再掲します。

①過去の自分　→　根拠となる体験
②現在の自分　→　資質、能力、性格など

今の自分はあのときの自分のおかげ。これをわかりやすく相手に伝えるのが、自己アピール書の目的なのです。

## 「志望理由書」と「自己アピール書」の整合性をとるべし

志望理由書は、②→③が重要。
自己アピール書は、①→②が重要。

ということは、どちらでも強調しなくてはいけない②の現在の自分が重複します。重複するということは「志望理由書」の「現在の自分」と「自己アピール書」の「現在の自分」は同じでなくてはいけません。

「え？　そんなの当たり前でしょ？」と思われるかもしれませんが、違う「現在の自分」を書いてしまっている受験生が意外と多い。「これ、違っているよ」と指摘されて初めて気づくケースがほとんどです。

ですから、書き終わったらまず、志望理由書と自己アピール書に書いた「現在の自分」が同じかどうかの確認をしましょう。両者の整合性が取れているかのチェックをするということです。

これはとても大事な工程です。採点者である大学の先生は、この2つの書類を一緒に目を通します。もし両者に矛盾が生じていたらどう感じると思いますか？


「あれ？　書いていることが違うな」

「書いたあとにちゃんと読み返したのかな？」

「いい加減に書いたんじゃないの？」


などなど、様々なマイナス印象を与えてしまいます。

面接する前にダメだと思われてしまう。こんなにもったいないことはありません。

また、面接の際につっこまれること間違いなしです。

「違う自分」を書いていたことに、面接で初めて気づく。しどろもどろになってしまうことが容易に想像できます。

ですから、書いたあとは必ず確認。とても大切な基本です。

## だからといって「コピペ」はダメ

ただし、完全に同じ内容、つまり一語一句、同じことを書いてはいけません。「コピペ」してはいけない、ということです。

2つ以上の書類を提出する場合、異なった書類が要求されているわけですから、まったく同じ文言を繰り返すのはNGです。ですから、同じ「現在の自分」を、違う言葉で表現してください。

「そんなことわかっているよ！」と言われるかなと思いましたが、念のためのお話でした。

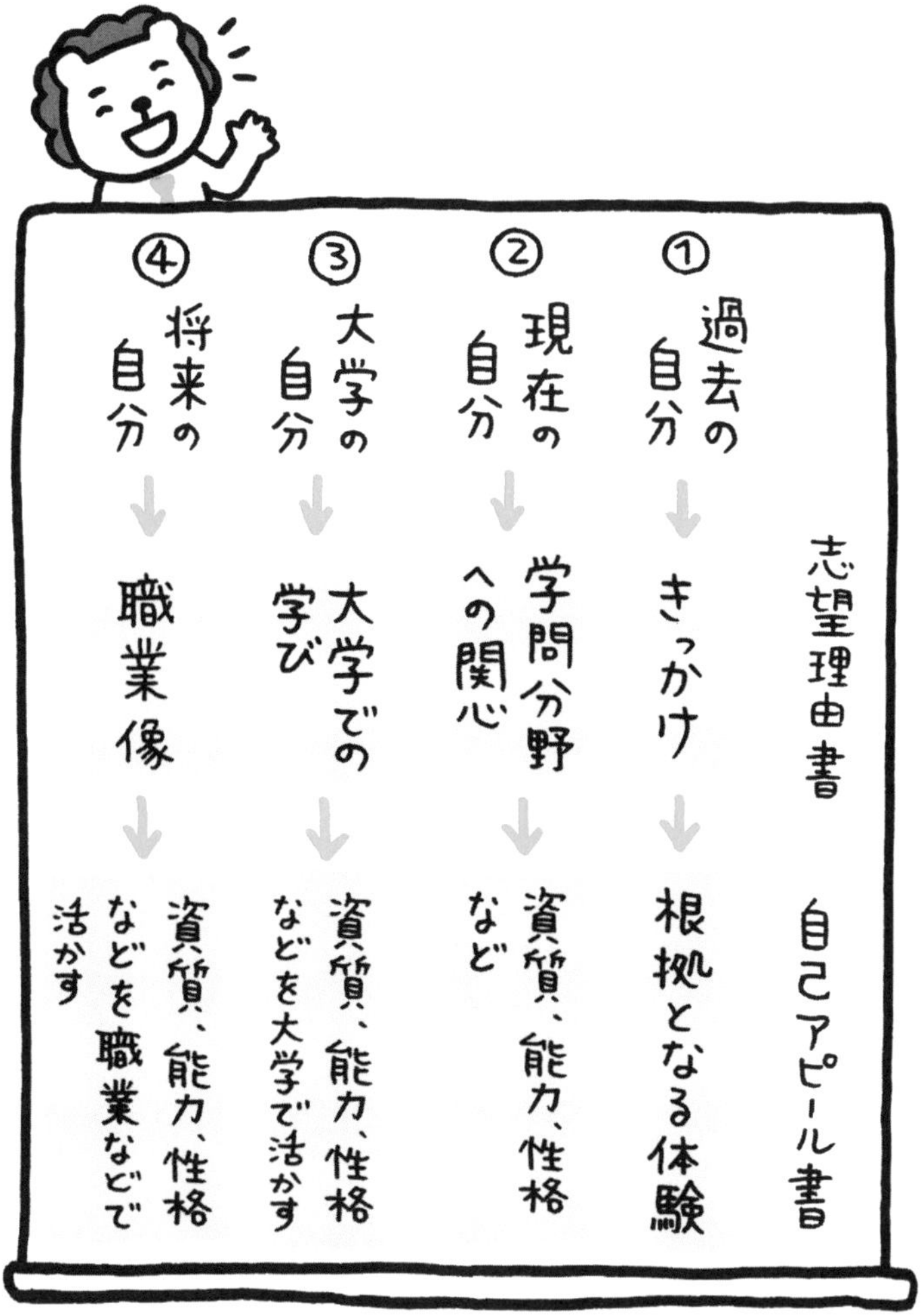
志望理由書
自己アピール書
①
過去の自分
きっかけ
根拠となる体験
②
現在の自分
学問分野への関心
資質、能力、性格など
③
大学の自分
大学での学び
資質、能力、性格などを大学で活かす
④
将来の自分
職業像
資質、能力、性格などを職業などで活かす

# 2

# 「志望理由書」と「面接」も切っても切れない関係

## 面接は最終試験

学校推薦型選抜・総合型選抜において、志望理由書は原則、事前提出です。ですから、提出したら終わり！　と考えている受験生が多くいます。

しかし、それは大きな間違い！　ということを最初に強調しておきます。

どういうことなのでしょうか？

面接は、受験生の能力や考え方、コミュニケーション力など、人となり全体を見て合否を判断する試験です。面接官は、**提出書類や小論文の内容を踏まえて質問**をします。この提出書類は、「志望理由書」と「自己アピール書」です。

つまり、「志望理由書」と「自己アピール書」を読んだ大学の先生が、その内容を踏まえてあなたに質問する、という流れです。

学校推薦型選抜・総合型選抜において、大学側が最も重要視するのは、最終試験である面接です。

採点者であり面接官でもある大学の先生は、志望理由書（＋自己アピール書）をもとにしながら、実際に会う前に受験生のイメージを作ります。さらに、面接の際の質問内容を考えます。

つまり、面接は、**志望理由書にもとづく、学校推薦型選抜・総合型選抜の最終試験**なのです。

面接と志望理由書、場合によっては自己アピール書が切っても切れない関係、という理由がおわかりいただけましたか？　提出して終わり！　ではないことも理解していただけたでしょうか？

**「志望理由書」と「自己アピール書」と「面接」は常にセット**、ということを意識しましょう。

## 「ウソ」や「コピペ」はNG

繰り返しになりますが、面接ではほとんどの場合、冒頭に志望理由が聞かれます。

「志望理由書に書いたのに、なんでもう一回聞かれるの？」

と思うかもしれませんが、面接官は、書いたことをもう一度自分の言葉で言えるかどうかを試したいのです。このとき大事なのが、志望理由書に書いた内容と違うことを言ってはいけない、ということです。すごく当たり前のことですが、大事なので念押しします。

**志望理由書の内容に沿って答えましょう。**

そこで気をつけたいことがあります。

志望理由書に、「かっこいい」ことばかり書くのは控えたほうがいいということです。「かっこいい」というのは、ふだんの自分とあまりにもかけ離れた内容、という意味です。もっと極端な言い方をすると「ウソ」です。

さらには、自分が体験したこともないことや、他人の志望理由書の完全なパクリ、担任の先生や保護者に書いてもらうなども当然NGです。なぜでしょうか。もちろん「ウソ」だからダメ、というのが答えなのですが、それに加え、面接時に不利になるから、という理由があります。

「ウソ」や「コピペ」で仕上げた志望理由書は、たとえ立派に見えたとしても、**必ず面接でボロが出ます**。聞かれた質問に対し、自らの実感がないので、きちんと反応できません。だんだんとしどろもどろになってしまう。そしてついには、ウソがばれてしまいます。

ですから、**「ウソ」と「コピペ」はダメ。ゼッタイ**。

## 志望理由書には「聞かれたいこと」を書く

面接は、志望理由書にもとづいて行われます。ですから、志望理由書の内容次第で、聞かれる質問も変わってくるということです。

たとえば、志望理由書の「過去の自分の学び」を、ひとつの話題でくわしく書いたとしましょう。すると面接では、その話題を掘り下げる質問が多くなります。逆に、「過去の自分の学び」を、いくつかの話題で構成したとします。そうなると面接では、その中のいくつかについて質問されるかもしれません。もしくは、それらの関連性について聞かれるかもしれません。

つまり、書かれたことについて聞かれる可能性が高いわけですから、それを逆手にとって、志望理由書には、**「自分に質問してほしいこと」を書けばいい**のです。面接官である大学の先生を誘導するぐらいのつもりで書けば、面接を自分有利で進めることもできます。

志望理由書は、自分のフィールドに相手を誘い込むツールという認識に改めれば、自然と書き方も変わってくるはずです。

## 面接で聞かれることは4つ

この章の締めとして、面接で聞かれることについて、少しだけお話しします。
面接で聞かれていることは、大きく以下の4つに分類できます。

①志望理由
②学問分野
③自分関連
④社会関連

それぞれ、ひとつずつ解説します。

## 【①志望理由】

当然ながら、志望理由は99・9%質問されます。しかも、ほぼ100%、一番初めに聞かれます。また、内容も、以下の2つに集約されます。

「なぜ、その学問分野を志望したのか？」
「なぜ、この大学を志望したのか？」

という、大学の先生が一番聞きたいことが、一番初めに聞かれます。
最初の難関ですが、これをうまく伝えることができれば、あとが楽になります。
ちょっと古い言い方かもしれませんが、「つかみはＯＫ」というやつです。

## 【②学問分野】

受験生が志望した学問分野について、どれだけ知っているか？　考えているか？が聞かれます。もちろん大学に入ってから学ぶ専門的なことまで知っている必要はありません（もちろん、知っていてもOKです！）。

高校生としてわかる範囲でOK。先ほどもお伝えしましたが、事前にしっかり調べておきましょう。

【③自分関連】

みなさん自身と、その周りの人々、周りの環境についての質問です。

長所・短所・自己アピール（これらは自己アピール書の内容と関わりますね）、高校時代の体験、人間関係、感銘を受けた本など、みなさんに身近な話題について質問されます。

【④社会関連】

近年の社会的な事柄、ニュースになったできごとについて聞かれます。

大学の先生は、受験生が広く社会一般に目を向けているかを知りたいのです。

つまり、学校、予備校で習う以外の知識も積極的に取り入れているか、受験生の考え方や興味・関心の広さを知りたいのです。

きちんと答えられるように、ここ1年くらいのニュースをチェックして、自分の見解が言えるようにしておきましょう。

以上、面接で聞かれること4つでした。

もちろん、これが聞かれることのすべてではありません。話の流れから、もう少しつっこんだ質問、深い質問がされることもあります。

あくまで、面接で聞かれることのイメージをつかんでもらえたらと思います。

COLUMN

# こんな受験生がいました③

「先生、僕は勉強がまったくダメなので、どうも大学に入れそうにありません。でも、喫茶店やカフェのマニアで、将来そういった店を経営したいんです。こんな僕でも大学に入ることはできますか。」

いきなりそう語った受験生がいました。そこで、そのマニアだという、喫茶店やカフェについて聞いてみると、確かにマニアというだけあって、めちゃくちゃくわしいのです。

また、チェーンのカフェなどでバイトもしているので、それらの店の長所・短所をくわしく説明してくれました。その分析は、ほぼプロレベルでした。

本人なりの分析をして、将来経営したい店のイメージもしっかりとあるのです。

この子は面白いなと思い、「大学の経営学科を紹介するから、本人の理想のカフェについてプレゼンしてみては？」と提案しました。

そして、実際にプレゼンするチャンスをもらうことができました。

話し方や、プレゼンの技術はまだまだでしたが、内容はとてつもなく面白い。

結果、彼はその大学に入学することになりました。


僕は彼から、本当に好きなことを追求することの大切さを学びました。

どんなことでもいいので、自分が楽しいと思うことを学ぶべきなのです。

当たり前のことなのかもしれませんが、実際には、なかなか好きなことや楽しいことには出会えないのかもしれません。

そういう出会いと、それを学びにつなげることのサポートができればいいなあ、と思っています。

第

6

章

# 書き方のコツをもう少し

本章では、第1章から第5章までで書ききれなかった
書き方のコツについて、少しだけ補足したいと思います。
裏ワザ的なものも紹介します。
少し気を楽にして読んでみてください。

# 1 志望理由書「あじつけ」のコツ

## 事実にもとづく表現の工夫のしかた

志望理由書作成の４ステップのうちの最初の２つ。
つまり、①「過去の自分」②「現在の自分」がどうしても書けないときの解決策をお話しします。

もちろんウソはダメ、ということが大前提です。事実にもとづく、というのがポイントです。事実にもとづいて表現を工夫するのです。具体的に見てみましょう。

たとえば、第3章で登場したAくん。

「芥川の作品は1／3くらいしか読んでいないのですが、それでも芥川が好きだと言ってよいでしょうか？」

という相談があったとしましょう。その場合は、「すべて読んでいる芥川ファン」「ほとんど読んでいる芥川ファン」はウソになります。「すべて」を読んでいないわけですから。

「かなりの作品を読んでいる芥川ファン」ならセーフです。「かなり」読んでいます、は、「すべて」読んでいます、とは違います。

繰り返しますが、ウソは絶対ダメです。

しかし、**事実にもとづいて書き方を魅力的**にするのであれば、ウソどころか、立派なアピールポイントになるでしょう。

## 「大学での学び」から作成する

みなさんの「過去の学び」があって、そのことを深く学べる大学・学部・学科を探して、「大学での学び」につなげる、という方法が、志望理由書の書き方のセオリーです。

でも、すべての受験生に、確固たる「過去の学び」があるわけではない、というのが現実かもしれません。

どうしても何を学ぶべきかが見えてこない人は、「大学での学び」から探し始めましょう。

大学ではどういうことを学べるのかを調べ、その中で、面白そうなものを選択し、そこにつなげる「過去の学び」を作っていくのです。

「でも、それってウソにならないですか？」

もちろん、面白そうと思っていなければウソになります。

しかし、面白そうと思ったり、興味がある学びであれば、あなたの人生でこの学びにつながる体験がありませんでしたか？　テレビで見て面白そうと思っていた、とか、先生や親が話していたのを聞いて興味があった、など、わずかでも「過去の学び」につながる要素を思い出してみる、もしくは書き出してみましょう。

可能な限り、**少しでも関心のある「過去の学び」につなげる**のがポイントです。

## 体験や学びはあとからやってもよい

みなさんの中には、**「過去の学び」**が、ほとんどないと感じている人も多いでしょう。そのような受験生は、学校推薦型選抜・総合型選抜を受ける資格はないと言われるかもしれませんが、僕はそうは思いません。

学校推薦型選抜・総合型選抜で大学に入ろうと考えたときから、準備を始めればばいいのです。アピールする体験や学びがなくとも、これからやればよいのです。

気になる問題について調べてみるとか、ボランティアに出かけてみるとか、留学してみるとか、「大学での学び」につながりそうな体験や学びを、今からやってみるのです。

僕の知り合いのお子さんの話です。

大学入試だけのために、嫌々ボランティアに出かけました。まったく興味がなかったそうです。

しかし、そのボランティア活動がきっかけになり、ついにはまってしまいました。最終的には、自分でボランティアを企画するようになりました。

そこから学んだことをもとに志望理由を作成し、面接でもアピールしました。結果、見事第一志望の大学に合格しました。

大学の先生は、第一志望の自分の大学に入るために、いろいろな体験をして積極的に学んだ受験生に悪い印象は持ちません。むしろ、努力しているんだなと好意的に見てくれるでしょう。ですから、**体験や学びは、受験しようと決めたあとからやってもいいのです。**

ちなみに、先述した**「大学での学び」**から作成するという受験生も、あとから体験し学べばいいのです。

**「人間、志を立てるのに遅すぎるということはない」**

と言ったイギリスの政治家がいました（スタンリー・ボールドウィン／1867〜1947／）。僕も本当にそう思います。

やりたいと思ったときが、始めるときなのです。

## 学際的な学部・学科は「学び」のテーマを定める

異なった学問分野の学びを融合させることを学際化といいますが、近年、「大学での学び」では、その「学際化」が進んでいます。

それゆえ、学部・学科の名称も、「国際教養学部」「地球社会共生学部」「人間環境学部」など、グローバル社会を意識したものが増えているのです。

こうした学部・学科では、様々なアプローチで研究を進めていくため、受験生には、何を学ぶのかがイメージしにくいかもしれません。

だからこそ、自分の学びたいテーマを定める必要があります。その上で、学際的な学びが必要であるとアピールしなければなりません。

# 2 大学が求めている条件は早めに確認

## 字数によって書く内容は変わる

とっても大事なお話をします。

志望理由書で求められる字数は、大学ごとに違います。ですから、自分が受ける大学の志望理由書の字数は、できるだけ早いうちに調べましょう。

なぜなら、その字数に合った構成や内容を考えなければいけないからです。

求められている字数が少なければ、「現在の関心」と「大学での学び」を中心に構成します。

求められている字数が多ければ、「きっかけ」を軸に構成します。

早めの準備は、何事においても大切ということです。

## 何種類かの書類が要求されている場合

大学・学部・学科によっては、2種類以上の書類を提出しなければなりません。

その場合は、それぞれの書類がどんな内容を要求しているのかをしっかりと確認した上で、その要求に応じた書類を作成しなければなりません。

場合によっては、複数の書類で内容が重なることもあるでしょう。志望理由書と自己アピール書の内容が重なることは、第5章で説明しました。

どんな書類にせよ、自分の人生のことを書くのですから、ある程度、内容が重なるのは当然です。

しかし、だからこそ、それぞれの書類ごとに差異化をはかる必要があるのです。

## 活動報告書について

自己アピール書に似た書類として、活動報告書があります。これも何を書くべきか、条件が示されているならば、それに従うべきです。

一般的には、自分の過去の体験や学びを、箇条書きで書くことが多いです。

箇条書きで活動報告書を書く場合のコツは、**思いつくことはできるだけ書く**ようにすることです。

もちろん、どうでもいいことまで書く必要はありません。

しかし、自分ではどうでもいいと思っていても、実は他人が聞いたら興味深かったりすることがあるので、学校や塾・予備校の先生に相談するなど、第三者の意見を聞いてみることをおススメします。

GOOD!
何事も早めの準備が大切なんだね
そうだね!

# 補章

# よくある質問

最後に、志望理由書を作成するときに注意すべきことを、
Q&Aのスタイルでお話しします。

# Q1

# 「です・ます体」で書くべきですか？

結論から言うと、「です・ます体」でも、「だ・である体」でもどちらでも構いません。

ですが、書類全体でどちらかに統一されていなければなりません。「です」と「である」が混同してはダメ、ということです。

小論文は「だ・である体」で書くつもりだけど、志望理由書では大学の先生に読んでもらうので「だ・である体」で書くのは気が引ける、と感じている受験生は多いです。

そう感じるなら、「です・ます体」で書いてください。

# Q2 段落分けが必要ですか？

求められている字数によります。

400字以下であるならば、段落分けは必要ありません。

この程度の文字数で段落分けすると、見た目も内容もスカスカになるかもしれません。

600字、800字となると、段落分けしたほうが読みやすいです。

たとえば、「過去の学び・現在の自分」→「大学での学び・将来の職業」のように、2段落構成で書きましょう。

# Q3
# 制限字数の8割くらい書けばいいですか？

結論は×です。

制限字数がある場合でも、字数制限がなく罫線だけの場合にでも、最後の行まで書くべきです。できるだけ最後の行まで書いてください。

そもそもの話、なぜ、字数を設定しているのでしょうか？

受験生が、その字数でまとめる能力があるかどうかを試しているのです。

ですので、制限字数ギリギリまで書いてくださいね。

# Q4 「きっかけ」→「学問分野への関心」→「大学での学び」→「職業像」の順番は絶対ですか？

志望理由書に決まった形式はありません。

本書で、その順番で書きましょうと言ったのは、この順番で考えるとわかりやすいからです。

だからといって、これが志望理由書の絶対のルールではありません。

順番が入れ替わったり、逆になったりしたからダメ、ということではありません。

志望理由書の目的は何でしたか？　もう一度、第1章を読んでみてください。

また、字数や内容によって4つの要素のどれかを増やしたり、逆に減らしたりすることもあります。

あくまで形式、ということで理解してください。

# Q5 とにかく熱い思いをぶつけるべきだとアドバイスされました。

志望校への熱い思いがあることはいいことです。

しかし、熱い思いをそのまま言葉にしても、おそらく数%しか伝わりません。

「がんばります！」「この大学に入学したいです！」という言葉は、どんなに繰り返しても、感想レベルでしかないのです。

熱い思いは、「自分の体験や学び」、「大学での学び」として、客観的、かつ具体的に伝えましょう。

おわりに

ここまで読んでいただき、ありがとうございます。

少しでもみなさんのお役に立つことができれば幸いです。

繰り返しになりますが、本当にありがとうございます。


思えば、僕が受験生だった30年前ころから、推薦入試やAO入試が広がり始めていました。

一般受験がほとんどだった僕のころには考えもしなかった選抜方法が、現在では当たり前になっています。


正直に言うと、僕がこの仕事を始めたときは、推薦・AO入試は胡散臭《うさんくさ》い入試方法だなと思っていました。

しかし、予備校で仕事を続けるうちに、このような入試こそが、実は生徒たちの本当の学力を見る選抜方法であると確信するに至りました。

仮に今、僕が受験生ならば、推薦・ＡＯ入試で受験すると思います。


また今後、受験環境や制度は大きく変化していきます。

推薦・ＡＯ入試の名称も「学校推薦型選抜」「総合型選抜」となりました。

一般入試も変わらざるを得ないでしょう。

そんな状況の中で、本書を手に取っていただけました。

僕には、みなさんが合格するためにサポートをする使命がある、と思っています。


志望理由書は単なる書類でしかありません。

合否に関わる割合は小さいものでしょう。

しかしながら、みなさんが本当の学力を大学にアピールし、合格を勝ち取るための入り口なのです。

その入り口にみなさんは立ったばかりなのです。

入り口の前で、今僕はみなさんの背中をそっと押しました。

これからみなさんは、合格に向けてどんどん突き進んでくださいね。

あ、話が大げさになりました。

さて、本書を執筆するにあたってお世話になった、かんき出版の編集者、荒上和人さん。

そして、様々なアドバイスをくださった仲間のみなさん。

僕がこの本を書けるように導いてくれた、これまでの教え子たち。

本当にありがとうございました。

２０２０年６月　中塚　光之介

【著者紹介】


**中塚　光之介**（なかつか・こうのすけ）

◉——河合塾講師。大正大学チュートリアル研究員。

◉——早稲田大学卒業後の1993年から、河合塾にて添削指導（人文教育系、社会科学系、医系など）、入試分析、教材作成などを行い、小論文指導歴は25年にも及ぶ。2000年からは、すいどーばた美術学院、2001年からは、新宿セミナーで看護系小論文の指導を行う。

◉——2003年から河合塾小論文科講師となり、AO・推薦対策全般（提出書類、面接など）の指導も行う。また、医系小論文、文系小論文、帰国生入試小論文を担当する。医系テキスト、全系統テキスト、全統論文模試、全統医進模試プロジェクトチームにも参加。担当する小論文対策講座は満席状態。夏期講習は、申込み開始後、即締切となるほどの圧倒的な人気を誇る。

◉——著書には、『採点者の心をつかむ　合格する小論文』『採点者の心をつかむ　合格する看護・医療系の小論文』（いずれも、かんき出版）がある。





**採点者《さいてんしゃ》の心《こころ》をつかむ　合格《ごうかく》する志望《しぼう》理由書《りゆうしょ》**

2020年７月６日　　第１刷発行
2023年９月25日　　第４刷発行

著　者——中塚　光之介
発行者——齊藤　龍男
発行所——株式会社かんき出版
東京都千代田区麹町4-1-4 西脇ビル　〒102-0083
電話　営業部：03(3262)8011㈹　編集部：03(3262)8012㈹
FAX　03(3234)4421　　振替　00100-2-62304
http://www.kanki-pub.co.jp/

印刷所——図書印刷株式会社



ISBN978-4-7612-3007-4 C7037